Berlitz®

Vorsicht Englisch!

Schimpfen, Lästern & Jammern

München • New York • Singapur

Berlitz Vorsicht Englisch! – Schimpfen, Lästern & Jammern

Herausgegeben von der Berlitz-Redaktion
Verfasserin: Emily Bernath
Übersetzerin: Kerstin Kammann
Layout: Jürgen Bartz
Illustrationen: Kyle Webster, Amy Zaleski
Projektleitung: Eva Betz

Berlitz Publishing
Mies-van-der-Rohe-Straße 1
D-80807 München

Satz: Franzis print & media GmbH, München
Printed in Germany
ISBN-13: 978-3-468-79155-0
ISBN-10: 3-468-79155-0

Inhalt

Warm-up

Du willst es Briten oder Amis mal so richtig geben? Vergiss Schulgrammatik und Lehrbuchsätze – in *Berlitz Vorsicht Englisch! – Schimpfen, Lästern & Jammern* findest du die Sprache, mit der du wirklich ernst genommen wirst!

Was du wissen solltest ...

Ein bisschen Englisch solltest du schon können. Die meisten Ausdrücke kannst du für Boys und für Girls benutzen. Wenn's doch mal komplizierter wird, ist der Spruch markiert.

♂ bedeutet, das Wort oder den Satz kannst du nur zu oder über Jungs sagen.

♀ heißt, du solltest nur Mädels so ansprechen bzw. so über sie sprechen.

Englisch ist nicht gleich Englisch. Was in den USA total angesagt ist, verstehen die Briten vielleicht nicht mal. Damit du überall den richtigen Ton triffst, sind alle Ausdrücke markiert, die nur in den USA (*AE*) oder nur in Großbritannien (*BE*) benutzt werden. Wörter, die man nur in einzelnen Landesteilen verwendet, sind auch gekennzeichnet

(z. B. ***ENGLAND***). Aber wundere dich nicht, wenn du diese Ausdrücke auch mal woanders hörst. Die Umgangssprache ändert sich ständig, und durch Filme und Musik kommen amerikanische Wörter nach Großbritannien und umgekehrt.

Vorsicht!

Damit du keine dicke Lippe riskierst oder beim Lästern unter die Gürtellinie gehst, sind die heftigeren Sprüche gekennzeichnet.

! Vulgärer oder gewagter Ausdruck!

💣 Total vulgär oder gewagt. Achtung, diese Meldung könnte auch fett nach hinten losgehen!

Du hast es hier mit dem Englisch zu tun, das man wirklich spricht, deshalb geben wir dir eine möglichst genaue deutsche Übersetzung. So kannst du sehen, wann ein Ausdruck oder ein Spruch wirklich angebracht ist und wann voll daneben.

Außerdem wirst du auf diese Zeichen stoßen:

Unzensiert	Echt vulgär oder anstößig
FACTS	Coole Facts – kaum zu glauben, aber wahr
Für Insider	Echte Insidertipps

Zu guter Letzt

Sprache verändert sich ständig. Was heute in ist, kann morgen schon out sein. Wenn du in diesem Buch also etwas liest, was absolut von gestern ist, oder wenn du ein cooles Wort kennst, das wir vergessen haben – schreib uns eine Mail an **redaktion@berlitzpublishing.de**.

Nicht umsonst steht auf dem Cover „Unzensierte Ausgabe"! Bitte bewahre dieses Buch für Eltern und Lehrer unzugänglich auf! Risiken und Nebenwirkungen beim Gebrauch der Ausdrücke kann der Verlag nicht ausschließen.

Für den kleinen Schimpfer am Rande

1

- *Verbaler Selbstverteidigungskurs gegen nervige Menschen*
- *Wie du deinen Frust über schlechte Locations, stressige Jobs oder mieses Wetter auf Englisch loswerden kannst*

1 Die Basics

Egal welche Laus dir über die Leber gelaufen ist, mit diesen Sprüchen kannst du deinem Ärger erst mal Luft machen ...

Wenn dich einfach alles nervt ...

For crying out loud! *AE, BE* / **Heavens above!** *BE*
Das ist doch zum Davonlaufen!/
(Oh) Mein Gott!
Wenn es dich total nervt, wie dumm jemand ist oder was für einen Mist manche Leute labern, reagierst du so richtig.

Oh for goodness sake. / Oh for God's sake.
Um Himmels willen!/Verdammt (noch mal)!

Shit! **!**
Scheiße!/Shit!

Fuck!
Fuck!/Scheiße!

Fucking shit!
Verdammte Scheiße!

FACTS Du hast sicher gemerkt, dass du „fucking“ vor fast jedes Wort setzen kannst, wenn du mal so richtig fluchen willst. Aber pass auf: Alles was „fucking“ enthält, ist auch ziemlich vulgär und heftig.

Unzensiert

Wenn du deinem Ärger auf originellere Art Luft machen willst, kannst du das super mit diesen Schimpfwörtern tun. Aber sei vorsichtig: Einige Amis und viele Briten, ob gläubig oder nicht, reagieren empfindlich auf solche Lästereien. Verzichte im Kreis deiner frommen Freunde lieber darauf.

Oh for the love of God!
(Oh) Mein Gott!/Verdammt (noch mal)!

Oh Jesus Christ almighty!
(Oh) Mein Gott!/Verdammt (noch mal)!

Jesus, Mary and Joseph!
Verdammter Mist! (Wörtl.: Jesus, Maria und Josef!)

Jesus H. Christ! *AE*
Herrgott noch mal!/Shit!

Oh hell! !
So ein Mist!

Fucking hell!
Verdammte Scheiße!

I'm furious!
Ich bin total sauer!

I'm going to pop a gasket! / I'm going to blow a fuse!
Ich krieg gleich 'nen Anfall! (Wörtl.: Mir platzt gleich eine Dichtung!/Mir brennt gleich eine Sicherung durch!)

I will blow my top in a minute! / I'm about to hit the roof!
Ich krieg gleich 'nen Anfall!/Ich geh gleich an die Decke!

I'm gonna kill her. *AE* **/ I'm goin' t' kill her.** *BE*
Ich bring sie um!

I can't stand him.
Ich kann ihn nicht ausstehen.

I'm so pissed. ! *AE* / **I'm so pissed off.** !
Ich bin total angenervt./Ich bin total angepisst!
In Großbritannien bedeutet „to be pissed" ohne das „off", dass man hackedicht ist – pass also auf das kleine Wörtchen auf.

Für Insider

Man kann auf unterschiedliche Art und Weise über jemanden herziehen ...

to slag someone off *BE*
jemanden schlecht machen/runtermachen

to tell someone off
jemanden rund machen

to diss someone *AE*
jemanden dumm anmachen/anpissen

to bitch about someone
über jemanden ablästern

Aber ...

to bitch someone out *AE*
jemanden zur Sau machen

to talk shit (about someone) !
Scheiße (über jemanden) labern

That's crap! !
Das ist doch Schwachsinn!

That's such a crock (of shit). ! *AE* / **That's a pile of shit.** ! *BE*
Das ist so ein Schwachsinn!/Das ist doch ein Haufen Scheiße!
Ob du „of shit" sagen willst oder nicht, bleibt dir überlassen. An der Bedeutung ändert sich dadurch nichts.

This is bullshit. !
Das ist unfair. *AE*/Das ist Bullshit! *BE*/Das ist so beschissen! *BE*

That sucks. *AE, BE* / **That sucks ass.** *AE* / **That blows.** *AE*
Das ist echt scheiße!/Das kotzt mich so an!

I've had it (up to here)!
Mir steht's bis hier!
Noch deutlicher wird's, wenn du dabei mit deiner Hand eine Bewegung machst, als würdest du dir die Kehle durchschneiden.

Wenn dir ein Typ oder eine Tussi ganz besonders auf die Nerven geht ...

What planet do you live on?
Was geht denn mit dir ab? (Wörtl.: Auf welchem Planeten lebst du denn?)

Come off it!
Das ist nicht dein Ernst, oder!

You're so crazy!
Du spinnst doch!

You're out of line!
Du bist doch total daneben!
Wenn sich jemand einfach nur seltsam benimmt ...

What are you on?
Was hast du denn eingeworfen? (Wörtl.: Auf welcher Droge bist du?)

What are you thinking?
Was bildest du dir eigentlich ein?

1

You animal! / You pig!
Du Schwein!
Passt immer perfekt, wenn dich jemand total anekelt.

Motherfucker!
Arschloch!

Dry your eyes. *BE*
Hör auf rumzujammern!/Wein halt!

You're pissing me off!
Du kotzt mich total an!

I'll have your guts for garters! *BE*
Ich bring dich um! (Wörtl.: Ich werd deinen Darm als Strumpfband verwenden!)

FACTS „Garters" (Strumpfbänder) sind Bänder, die sich Frauen ums Bein binden, damit halterlose Strümpfe nicht rutschen. Viele Bräute tragen sie traditionell unter ihrem Kleid. Wie in Deutschland wird das Strumpfband auch auf manchen britischen und amerikanischen Hochzeiten den Singlemännern zugeworfen – ähnlich wie der Brautstrauß den Singlefrauen. Wer den Brautstrauß bzw. das Strumpfband fängt, wird – so sagt der Brauch – als nächstes heiraten.

I'll have your hide!
Ich skalpiere dich! (Wörtl.: Ich werde deine Haut haben!)

Die richtigen Schimpfwörter und -sprüche für alle Lebenslagen

Ob über das miese Wetter, das verlorene Spiel oder die volle U-Bahn – an manchen Tagen kann man sich über alles aufregen. Nur zu: Hier findest du die richtigen Sprüche und Flüche ...

Für Insider Die Briten sind ziemlich zurückhaltend. Dinge werden häufig nicht offen angesprochen, sondern nur angedeutet. Lass also lieber Vorsicht walten! Nur Stockbesoffene würden dir Beleidigungen direkt ins Gesicht knallen. Wenn ein Brite dich wirklich anpissen will, wird er eher versteckte abfällige Bemerkungen machen. Statt „Your hair looks like you've just been dragged through a bush backwards. Who do you think you are coming out in public like that?" („Deine Haare sehen aus, als wärst du gerade rückwärts durch einen Busch geschleift worden. Für wen hältst du dich, dass du dich so aus dem Haus traust?") würde man lieber sagen: „Maybe you need to go and brush your hair." („Vielleicht solltest du mal wieder deine Haare kämmen").

Die Amis sind generell unkomplizierter im Umgang mit anderen. Sie sind bekannt für ihre Zwanglosigkeit und Offenheit gegenüber Fremden. Weniger zurückhaltend sind die Amerikaner allerdings auch, wenn sie verärgert oder beleidigt sind. Sie haben kein Problem damit, jemanden direkt anzumachen. Vor allem die Bewohner der großen Städte im Nordosten der USA gelten als knallhart und streitsüchtig. Die New Yorker sind schon berüchtigt dafür, dass man sie leicht auf die Palme bringt.

Der Schiri ist die absolute Pfeife, die Gegner spielen einfach nur unfair und sonst geht auch alles schief ... nur zu, hier findest du die richtigen Beleidigungen fürs Stadion ...

Hey ref, ...	Hey Schiri, ...
that was a foul!	das war ein Foul!
throw him out! *AE*	schick ihn vom Platz!
are you blind?	bist du blind?
he's out of there! *BE*	der ist draußen!

Das ist ein Wortspiel mit dem amerikanischen Baseballausdruck, der benutzt wird, wenn ein Spieler abgeworfen wird. Sag es mit einem amerikanischen Akzent.

Bullshit! *AE*
Scheißdreck/Bullshit!
Ist manchmal als abwechselnder Sprechchor zwischen den zwei Seiten eines Stadions zu hören: „BULL – SHIT!"

My grandmother can play better than you!
Sogar meine Oma spielt besser als du!
Du könntest damit deine Oma beleidigen ...

You throw like a girl! ♂ *AE*
Du wirfst den Ball wie ein Mädchen!
Moment! Auch Mädels können spielen!

You eejit! *SCHOTTLAND, IRLAND*
Du Idiot!

You girl's blouse! *BE*
Du Weichei! (Wörtl.: Du Mädchenbluse!)
Wird eigentlich eher von Kids benutzt, oder von Teenies, die einen auf jung machen.

You wuss!
Du Weichei!

You stink! *AE, BE* / **You suck!** *AE* /
You blow! ! *AE*
Du bist grottenschlecht/bockschlecht!

Stop hogging the ball!
Gib endlich ab!

You couldn't finish your dinner! *BE*
Du bist der totale Loser. (Wörtl.: Du kannst nicht mal deinen Teller leer essen!)

FACTS England ist berüchtigt für sein Hooligan-Problem, was der Mehrheit der Briten ziemlich peinlich ist – vor allem, weil England immer mit Großbritannien gleichgesetzt wird. Du machst dir also sicher keine

Freunde, wenn du die Leute in Wales, Schottland oder Nordirland nach „ihrem“ Hooligan-Problem fragst. Und denk dran: Die schottischen Fußballfans, besser bekannt als „The Tartan Army“, wurden bei der WM 1998 in Frankreich von der FIFA als die besten Fans ausgezeichnet.

Unzensiert

Ein sportlicher Wettkampf ist – besonders in den USA – die beste Gelegenheit, dein schmutziges Vokabular mal so richtig ans Tageslicht zu bringen.

Son of a bitch! ♂ !
Hurensohn!

Bastard! !
Bastard!

Jackass! *AE*
Penner!

You wanker! ♂ 💣 *BE*
Du blöder Wichser!

You couldn't score in a brothel! ♂ !

Du würdest ihn ja nicht mal im Puff reinkriegen!

Wortspiel mit „score": „to score a goal" = ein Tor schießen; „to score" = Sex haben. Sag's, wenn jemand einfach keinen Ball ins Tor kriegt ...

Sissy! / Pussy!

Sissie!/Weichei!

Für die Briten ist „sissy" kein vulgäres Wort. „Pussy" ist ziemlich zweideutig, weil viele Erwachsene immer noch nicht kapiert haben, dass es was anderes heißen kann als süßes, kleines Kätzchen (ähnlich der deutschen „Muschi") ...

Get the fucking ball!

Hol dir den Scheißball!

Vorsicht: Obwohl man auch auf britischen Spielfeldern übelst flucht, wird normalerweise kein Spieler direkt angegriffen. Das gehört einfach nicht zum Fair Play, oder, wie der höfliche Brite sagt: „Its simply not cricket" (nicht fair, Wortspiel mit Kricket). Sag's mit einem hochgestochenen südenglischen Akzent!

Nepp und Ripp 1

Wenn du auf Schnäppchenjagd gehen willst, sind Flohmärkte der richtige Ort. Der erste Schritt für ein erfolgreiches Feilschen ist natürlich, den Verkäufer davon zu überzeugen, dass seine Ware viel zu teuer ist. Aber bleib dabei immer schön höflich ...

It's a bit pricey.
Das ist ziemlich teuer.

Ouch, that's a bit stiff.
Oje, das ist ganz schön teuer.

No, I don't think I'll buy that, the price is a bit steep.
Nein, ich denke nicht, dass ich das kaufen werde, es ist wahnsinnig teuer.

It's not in perfect condition.
Das ist ja nicht gerade in Top-Zustand.
Tu so, als wärst du nicht wirklich interessiert ...

What a rip-off!
Das ist ja die volle Abzocke!

I've just been ripped-off!
Ich bin gerade voll abgezockt worden!

1

Is that the final price?
Bleibt es bei dem Preis?

Is that the best you can do?
Kann man da (preislich) noch irgendwas machen?

You must be joking!
Das soll wohl ein Witz sein!

If you bought that you'd certainly break the bank! *BE*
Wenn du dir das kaufst, bist du danach auf jeden Fall pleite! (Wörtl.: Wenn du das kaufen würdest, würdest du definitiv die Bank sprengen!)

These new shoes cost the earth *AE, BE /* **a bomb.** *BE*
Diese neuen Schuhe waren schweineteuer! (Wörtl.: Diese neuen Schuhe kosteten die Erde/eine Bombe.)

They charged me an arm and a leg.
Die haben einen Haufen Kohle von mir verlangt! (Wörtl.: Sie haben einen Arm und ein Bein von mir verlangt.)

What? Do you really expect me to pay through the nose *AE, BE* **/ over the odds** *BE* **for that thing!**
Bilden Sie sich wirklich ein, dass ich mich für dieses Teil dumm und dämlich zahle?

That's daylight robbery! *BE* **/ That's highway robbery!** *AE*
Das ist die totale Abzocke!

The prices here are astronomical / through the roof!
Die Preise hier sind total überzogen!

I got raped on this jacket. ! *AE*
Diese Jacke hat mich ein Schweinegeld gekostet! (Wörtl.: Auf dieser Jacke wurde ich vergewaltigt.)
Nicht die feine englische Art sich auszudrücken, dafür aber sehr deutlich.

1 Schlechte Anmache?

Jemand nervt dich schon die ganze Zeit, weil er oder sie dich total schräg anbaggert? Lass den Typen oder die Tussi mit den folgenden Sprüchen eiskalt abblitzen:

I'm waiting for someone.
Ich warte auf jemanden.
Aber nicht auf dich!

I have a boyfriend / girlfriend.
Ich hab einen Freund/eine Freundin.
Auch wenn's eine Notlüge ist, er oder sie wird kapieren, was Sache ist.

In your dreams.
Vergiss es!
Beliebt, aber ziemlich hardcore.

Get real!
Träum weiter!
Will sagen, dass er oder sie wohl ein bisschen unrealistisch ist. Aua!

Step off! *AE* **/ Piss off!** *BE*
Verpiss dich!
Nicht gerade nett, aber glasklar. Benutz es bei den höflichen Briten besser nur, wenn ein Typ wirklich hackedicht oder superlästig ist.

Get lost!
Verschwinde!/Mach 'nen Abgang!
Ziemlich fies, aber manchmal nötig.

When hell freezes over! / When pigs fly!
Wenn die Hölle einfriert!/Wenn Schweine fliegen können!
Anders ausgedrückt: Niemals!

Beziehungskisten

Du hast eine feste Beziehung, und dein Freund/deine Freundin verhält sich nicht so, wie du es erwarten würdest? So kannst du's ansprechen:

You never listen!
Du hörst mir nie zu!

Go and boil your head!
Verzieh dich! (Wörtl.: Geh und koch deinen Kopf!)

You're just a self-involved prick ♂ / bitch. ♀
Du bist so ein egoistischer Scheißkerl/eine egoistische Schlampe.

You're so damn high-maintenance. ♀ *AE*
Du kriegst den Hals auch nie voll!
Passt eigentlich immer als Bezeichnung für eine Frau, die nie mit dem zufrieden ist, was sie hat, und ständig nach Schmuck, Blumen, Aufmerksamkeit oder anderen Dingen verlangt.

For Pete's sake, get a life!
Sei doch nicht so kompliziert!/Sei kein Haarspalter! (Wörtl.: Um Petrus willen, leb endlich dein Leben!)

I always do all the work around here and you never lift a finger.
Ich muss hier immer die ganze Arbeit alleine machen, und du rührst nie einen Finger.

Pipe down! *AE, BE* **/ Shut your gob!** *BE* **/ Shut your face!** *AE, BE*
Halt die Klappe!
Muss manchmal sein, trägt aber wahrscheinlich nicht zur Lösung eurer Beziehungskrise bei ...

Away to your mother! *BE*
Halt's Maul und verpiss dich! (Wörtl.: Geh weg zu deiner Mutter!)

That's the pot calling the kettle black!
Wer im Glashaus sitzt, sollte nicht mit Steinen werfen! (Wörtl.: Das ist, wie wenn der Topf den Kessel schwarz nennt.)
Sag's, wenn er oder sie dich wegen eines Fehlers anmacht, den er/sie selbst auch schon gemacht hat.

I'm sick of this! / I have had enough!
Ich hab die Schnauze gestrichen voll!

You never make time for me!
Du hast nie Zeit für mich!

Why does it always have to be about you?!
Warum muss es immer um dich gehen?
Verhält sich dein Partner egoistisch? Sag's ihm oder ihr!

I can't stand your wandering eyes.
Ich kann es nicht leiden, dass du immer anderen Frauen/Männern nachschaust.

I just can't trust you around other women / men.
Ich kann dir einfach nicht vertrauen, wenn du mit anderen Frauen/Männern zusammen bist.

There's no point in speaking to you! It just goes in one ear and out the other!
Es hat gar keinen Sinn, mit dir zu reden. Bei dir geht das zum einen Ohr rein und zum anderen wieder raus!

Mensa-Essen und anderer Fraß

Wenn du in der Mensa, in der Kneipe oder im Restaurant sitzt und dir dein Essen überhaupt nicht schmeckt, dann sag's so:

Urgh, that food is rank *AE, BE* **/ crap** *AE, BE* **/ minging!** *BE* **Do you really expect me to eat it?**
Igitt, das Essen ist total widerlich! Glauben Sie wirklich, ich würde so was essen?
„Crap" sagt man auch zu menschlichem und tierischem Kot.

She served up the dinner like a canteen lady *BE* **/ like a lunch-lady.** *AE*
Sie hat das Essen auf den Teller geklatscht wie 'ne Kantinen-Angestellte.
Das Auge isst mit ...

Is it the same old slop / pigs' swill again today?
Ist das heute schon wieder derselbe alte Fraß?

What is this supposed to be?
Was soll das denn sein?

I can't eat this shit-on-a-shingle! ! *AE*
Ich kann diesen Scheiß nicht essen!
„Shit-on-a-shingle" (oder SOS) war im Soldatenjargon ein Ausdruck für Toast mit schlecht gewordenem Rindfleisch. Mittlerweile ist es ein beliebtes Wort für alles eklige oder ungenießbare Essen.

Who taught you to cook?
Bei wem haben Sie denn das Kochen gelernt?

FACTS Vorsicht! Ein Brite würde sich normalerweise nicht offen über Kantinen-Fraß beschweren. Wenn du in einem Restaurant richtig unzufrieden mit der Qualität des Essens bist, ist es angebrachter und auch effektiver, unter vier Augen mit dem Geschäftsführer zu sprechen.
Solltest du in den USA ein Problem mit deinem Essen haben, sagst du das normalerweise höflich

und vernünftig dem Kellner. Manche Leute führen lautstarke Auseinandersetzungen mit dem Personal, wenn's ihnen nicht schmeckt, aber das zeugt nicht gerade von guten Manieren.

My compliments to the chef!
Kompliment an den Koch!
Sag's in einem ironischen Tonfall, dann ist es alles andere als ein Kompliment an den Koch!

You need to pinch your nose and close your eyes to eat this stuff!
Du musst dir Nase und Augen zuhalten, um diesen ekligen Fraß runterzukriegen!
Guten Appetit!

Yuck, this tastes like dog food!
Igitt, das schmeckt wie Hundefutter!

This food is too oily / fatty / greasy!
Das Essen ist viel zu ölig/fett/fettig!

This isn't coffee. This is dishwater.
Das ist kein Kaffee. Das ist Spülwasser.

This food is not fit for human consumption!
Das kann wirklich kein Mensch essen!

Wenn du das Pech hast, auf deiner Kneipentour in den ätzendsten Läden zu landen, wo die Musik superschlecht ist und die Preise endteuer sind, kannst du so Dampf ablassen oder deine Freunde warnen:

It's a bit of a dive.
Es ist ein bisschen schmuddelig hier.

FACTS In den USA hat fast jede Art von Kneipe einen bestimmten Namen. „Dive bar" ist nicht automatisch negativ gemeint. Man bezeichnet damit eine schmuddelige Bar ohne Drum und Dran, in der man billiges Bier bekommt. Einige Leute stehen auf „dive bars", weil sie weder überfüllt noch teuer oder protzig sind. Wenn du eine schickere Location suchst, bist du in einer „martini bar" richtig, wo du Drinks für jeden Geschmack bekommst. Du kannst auch in eine „lounge" gehen – das ist ein Mix aus Kneipe und Club, wo es normalerweise eine kleine Tanzfläche und eine Menge bequemer Sitzgelegenheiten gibt. Dann könntest du noch in einer „sports bar" abhängen, vor allem, wenn gerade ein Spiel läuft, das du nicht verpassen willst, da es dort immer

Fernseher und natürlich jede Menge Bier gibt. Die Brits sind nicht sonderlich kreativ, was die Namensgebung für die verschiedenen Kneipenarten angeht. Du musst selbst rausfinden, wer wohin geht, auf welches Flair du stehst, und wo es dir am besten gefällt.

Urgh, it smells like a brewery.
Igitt, hier stinkt's wie in einer Brauerei.

It's a bit of an old man's pub. *BE*
Das hat was von 'ner Altmännerkneipe.

This place is packed *AE, BE* **/ mobbed** *AE, BE* **/ slammed.** *AE*
Es ist hammervoll hier.

It's like British rail in the rush hour. *BE*
Es ist total überfüllt. (Wörtl.: Hier geht's zu wie bei British Rail während der Rush Hour.)

It's a cattle market. *BE* **/ It's a meat market.** *AE, BE*
Das ist die totale Fleischbeschau.

Let's roll, this place is lame. *AE*
Verziehen wir uns, hier geht ja gar nichts (ab).

Let's go somewhere else! *AE, BE /*
Let's bounce. *AE*
Gehen wir woanders hin!/Machen wir 'nen Abgang.

What a dump!
Was für ein Scheißladen!

This place is a shit-hole!
Dieser Laden ist total abgefuckt.

Ugh, this is a total sausage fest. *AE*
Soll das ein Männerabend sein, oder was? (Wörtl.: Oh Gott, das ist eine einzige Würstchen-party.)
Würstchen ... geschnallt?

Für Insider In den USA kann man offiziell erst ab 21 alkoholische Getränke kaufen. Trotzdem gibt es dort auch Clubs für Leute ab 18 Jahren oder so genannte „teen clubs", die jeden reinlassen. In Großbritannien sind Alkoholkonsum und Kneipenbesuche grundsätzlich ab 18 erlaubt. In manche Bars und Discos darf man allerdings erst ab 21. Die meisten britischen Pubs hatten früher nur bis 23 Uhr geöffnet. Mittlerweile ändert sich da aber einiges, weil die traditionelle Sperrstunde seit November 2005 Geschichte ist.

Where are all the hotties? There's nothing here but losers / freaks.
Wo sind die ganzen geilen Typen/heißen Chicks? Hier sind nur Loser/Freaks.

Let's go to the Golden Rail. That place rocks!
Lasst uns ins Golden Rail gehen. Da geht's richtig ab!

Schul-, Uni- und Lernstress

Du kannst nicht mehr, weil die Lehrer euch mit Hausaufgaben und Klausuren zuschütten? Du studierst und bist gerade im Lernstress, weil die Prüfungszeit vor der Tür steht? Dann mach deinem Ärger so Luft ...

Urgh, I've got such a ton / load / pile of homework!
Mann, ich hab so hammerviel auf!

I've got a shit-load of studying.
Ich muss sauviel lernen.

Mrs Smith gave me a right old telling off for not doing my homework. *BE*
Mrs Smith hat mich ganz schön angeschnauzt, weil ich meine Hausaufgaben nicht gemacht hab.

Midterms are next week and I'm way stressed out! *AE*
Nächste Woche sind Zwischenprüfungen, und ich bin mega-gestresst!

I'm totally freaked about this bio *AE /* **biology** *BE* **test.**
Ich hab total Schiss vor dem Biotest.

Shit, I bombed that history paper. ! *AE*
Shit, ich hab die Geschichtsprüfung vermasselt.

I'm dead. I pulled an all-nighter, and I'm still not ready for the test.
Ich bin so gut wie tot. Ich hab 'ne Nachtschicht eingelegt und bin immer noch nicht fit für die Klausur.

1

I'm so screwed / fucked when my parents see my grades *AE* **/ marks.** *BE*
Wenn meine Eltern meine Noten sehen, bin ich gearscht.

I flunked my maths *BE* **/ math** *AE* **exam.**
Ich bin durch die Matheprüfung geflogen.

Claire is in the joey class. *BE*
Claire ist in der Loser-Klasse.

You mong *BE* **/ joey.** *BE*
Du Loser!/Du Niete!
Sei vorsichtig mit dem Ausdruck „mong", kurz für „mongol", ein altmodisches Wort für Leute mit dem Down-Syndrom.

Chris is a right suck-up *AE, BE* **/ sook!** *BE*
Chris ist der totale Schleimer!

Jenny is a total apple-polisher *AE* **/ kiss-up.** *AE*
Jenny ist so eine Schleimscheißerin.

Arbeitsfrust

Miese Zeiten im Job? Wenn du nur noch im Stress bist, der Chef oder die Kollegen nerven und nicht mal mehr Zeit für 'ne Kaffeepause bleibt, dann kannst du das so sagen:

TGIF!
Thank God it's Friday!/Endlich Freitag! (Wörtl.: Gott sei Dank, es ist Freitag!)
Sprich es tih-dschih-ai-ef aus. Hört man ganz oft von Leuten, die Probleme im Job haben oder ihre Arbeit nicht mögen.

This place is a hell hole!
Das ist echt die Hölle hier! (Wörtl.: ein Höllenloch)

This place just sucks the life right out of me.
Diese Stelle bringt mich noch mal um!
Na ja, wenigstens kriegst du Geld dafür!

You're all amateurs!
Ihr habt doch alle keinen Plan!

I'm the only one who does any work round here!
Ich bin der/die Einzige, der/die hier irgendwas arbeitet!

1

My co-workers are all a bunch of lazy fucks!
Meine Kollegen sind ein Haufen fauler, nichtsnutziger Idioten!
Dann trau dich doch mal, ihnen das ins Gesicht zu sagen …

I'm not your slave!
Ich bin nicht dein/Ihr Sklave!

I'm not here to make the coffee!
Ich bin nicht hier, um Kaffee zu kochen!

This is just pure exploitation!
Das ist die reinste Ausbeutung!

I do not get paid enough to do this!
Dafür werde ich wirklich nicht gut genug bezahlt!
Wenn du irgendwas tun sollst, was dir gar nicht passt, weil es absolut nichts mit deinem Job zu tun hat …

This was not in my job description.
Das gehört nicht zu meinen Aufgaben.
Mag sein, aber ob du deinen Chef davon überzeugen kannst …

I'm just snowed under with work!
Ich bin total mit Arbeit zugemüllt!

I'm so swamped at work.
Ich ertrinke total in Arbeit.

Chris is always kissing up to the boss.
Chris schleimt sich ständig beim Chef ein.

Bob is such a brown-noser *AE* **/ ass-kisser. !** *AE*
He's sure to get the promotion.
Bob ist so ein Arschkriecher. Er wird garantiert befördert.

They completely screwed me over ! / fucked me over 💣 by giving Lindsey the promotion.
Ich hab mich so verarscht gefühlt, als Lindsey befördert worden ist.
Jetzt musst du nur noch den Mumm haben, das auch deinem Chef zu erzählen!

1 Staus, Raser & Co.

Unfähige Autofahrer, endlose Staus ...
So kannst du deinen Ärger darüber lauthals ablassen:

You're driving like a little old woman *AE, BE* **/ an old man** *AE, BE* **/ some old fart.** **!** *BE*
Du fährst wie eine alte Oma/wie ein alter Mann mit Hut!
„Fart" sagt man in der Umgangssprache für „Furz".

Get off the road, you old geezer! *BE*
Verschwinde von der Straße, du alter Knacker!

Slow down, you psycho!
Fahr langsamer, du Spinner!

Hell's teeth and hairy balls! *BE* **/ Good GODon Highlanders!** *BE*
Verfluchte Scheiße! (Wörtl.: Zähne der Hölle und haarige Bälle!)
Wenn du einfach mal Dampf ablassen willst, kannst du jemandem so verklickern, wie beschissen du seine Fahrweise findest, ohne ihn direkt zu beleidigen. „The Gordon Highlanders" waren eine schottische Militäreinheit. Wenn du nicht blasphemisch klingen willst, nimm diesen Spruch.

You idiot *AE, BE* **/ clown** *AE, BE* **/ twerp!** *BE*
Du Idiot!

You silly B! ! *BE*
Du Blödmann!
„B" ist die Abkürzung für „bugger" (Arschloch).

What the hell?! !
Was zum Teufel!?
Drück damit deine Überraschung über ein dummes, gefährliches Manöver eines anderen Fahrers aus.

What's this tailback for? Bet it's a Sunday driver *BE* **/ tractor driver.** *BE*
Woher kommt dieser Stau? Ich wette, es liegt wieder an einem dieser Sonntagsfahrer.

Goddamn ! / Fucking gridlock! Why can't everyone just get out of the way?!
Scheiß-Stau! Wieso verschwindet ihr nicht einfach alle von der Straße?

What do you think you're doing?
Was machst du da eigentlich?

Get a go on! *BE* **/ Get a move on!** *AE, BE*
Los, beeil dich ein bisschen!/Tempo!

1

Watch where you're going!
Pass doch auf, wo du hinfährst!

Are you trying to get us killed?
Willst du uns umbringen?

Stop being such a backseat driver.
Hör auf, mir ständig reinzuquatschen!
Wenn dein Beifahrer dich ständig mit „guten" Ratschlägen nervt ...

We'd make better time walking!
Da wären wir ja zu Fuß noch schneller!
Tja, aber dann könntest du nicht Radio hören!

It's the one on the right, grandma!
Es ist das rechte Pedal, Omi!
Sag's, wenn jemand so langsam über die Straßen schleicht, dass man meinen könnte, er hat keinen Schimmer, welches das Gas- und welches das Bremspedal ist!

„Spaß" in Bus und Bahn 1

Ob Verspätung, alte Klapperkiste oder völlig überfüllter Bus – so kannst du deinem Ärger Luft machen:

You wait for hours and suddenly five come at once. Typical!
Erst wartet man stundenlang, und dann kommen plötzlich fünf auf einmal. Typisch!

Don't take the bus. That thing comes once a year.
Nimm bloß nicht den Bus. Der kommt nur alle Jubeljahre.

It was an old boneshaker of a bus.
Dieser Bus war die reinste Klapperkiste. (Wörtl.: Der Bus war ein alter Knochenschüttler.)

The bus had square wheels.
Bei dem Bus haben sie wohl die Stoßdämpfer vergessen. (Wörtl.: Der Bus hatte quadratische Räder.)

That was a bumpy ride!
Das war mal eine Schüttelpartie.

1

That was a hair-raising journey *BE* **/ trip!** *AE* **Where did you learn to drive?**
Was für ein Horrortrip! Wo haben Sie denn fahren gelernt?

That bus driver was a maniac!
Der Busfahrer war total wahnsinnig/daneben!

You must have been trained at Brand's Hatch. *BE*
Sie müssen in Brand's Hatch fahren gelernt haben.
Brand's Hatch ist eine berühmte Rennstrecke. Sag's, wenn ein Busfahrer viel zu stark auf die Tube drückt.

The tube *BE* **/ subway** *AE* **is always packed like a tin** *BE* **/ can** *AE* **of sardines.**
Die U-Bahn ist immer gerammelt voll. (Wörtl.: Die U-Bahn ist immer voll wie eine Sardinen-Büchse.)
Hoffentlich riecht es nicht genauso ...

You don't want to take that train, it stops at every tree.
Diesen Zug würde ich nicht nehmen, der hält an jeder Milchkanne. (Wörtl.: der hält an jedem Baum)
Für lahme Regionalzüge ...

Are you drunk? !
Bist du dicht?
Wenn er oder sie so mies fährt, dass eigentlich nur Alkohol im Spiel sein kann ...

Sauwetter und Hitzewallungen

Es ist Hochsommer oder tiefster Winter? Dir klappern die Zähne, oder du schwitzt wie ein Schwein? Wenn dir das Wetter einen Strich durch die Rechnung macht, dann probier's mal hiermit:

It's bucketing. *BE*
Es schüttet total.

It's pissing it down. ! *BE*
Es schüttet total.

It's pouring down outside.
Es schüttet ganz schön draußen.

It's coming down in buckets.
Es gießt wie aus Kübeln.

It's spitting.
Es tröpfelt.

It's a scorching day.
Es ist sauheiß heute.

Whew what a scorcher!
Was für eine Bullenhitze!

Unzensiert

Während der langen Winterzeit kann es ganz schön langweilig werden, immer nur „it's cold" zu sagen. Wenn du ein bisschen cooler rüberkommen willst, versuch's damit ... auf eigenes Risiko!

It's colder than a witches' tit. !
Es ist saukalt. (Wörtl.: Es ist kälter als eine Hexentitte.)

It's cold enough to freeze the balls off a brass monkey. !
Es ist so kalt, dass man sich die Eier abfriert. (Wörtl.: Es ist kalt genug, dass die Eier eines Messingaffen abfrieren.)

It's cold enough to freeze the stink of shit. !
Es ist arschkalt. (Wörtl.: Es ist kalt genug, dass der Gestank von Scheiße gefriert.)

It's cold as balls out there. !
Es ist sackkalt draußen.

It's hot as hell!
Es ist sauheiß! (Wörtl.: Es ist heiß wie die Hölle!)

It's Baltic outside. *BE*
Es ist schweinekalt draußen. (Wörtl.: Es ist baltisch draußen.)
Der Brite hält die baltischen Staaten für die absolut kältesten Länder …

Für Insider Die Brits lieben es einfach, übers Wetter zu reden, ob mit der Familie, Freunden oder völlig Fremden. Ein bisschen Smalltalk über Sonne oder Wölkchen ist wohl immer noch der einfachste Weg, um mit einem Briten ins Gespräch zu kommen, wahrscheinlich weil das Wetter auf dieser kleinen Insel so unbeständig ist. Wetten, dass es immer gerade dann regnet, wenn man mal keinen Schirm dabeihat?

Die liebe Technik – Handy-, DVD- und andere Pannen

Du musst dich mit technischem Gerät auseinander setzen und verstehst nur Bahnhof? Du willst das Ding einfach nur anschalten und schaffst es nicht? Hier ein paar Sprüche für solche Situationen:

That's a right brick you've got there. *BE*
Das ist ja ein uraltes Teil, was du da hast.

It's a binner. *BE*
Das ist der totale Müll.
Wortspiel mit „rubbish bin" (Mülleimer).

What a heap of junk *AE, BE* **/ pile of rubbish** *BE* **/ crap! !** *AE, BE*
Was für ein Drecksteil!/Was für ein Scheißteil!
Wenn du frustriert bist, weil der Computer, das Handy etc. wieder mal nicht so will wie du ...

I can't get the bloody thing to work! It keeps playing up. *BE*
Ich krieg das Scheißding nicht zum Laufen! Es macht immer noch Zicken.

I can't get this damn thing to work. It's a piece a' shit. !
Ich krieg dieses verdammte Ding nicht zum Laufen. Es ist echt ein Scheißteil.

Stuff this! *BE*
Leck mich!/Scheiß drauf!

Oh to hell with it!
Ach, zur Hölle damit!

Oh fuck this, I give up!
Fuck, ich geb's auf!

This computer's crap! !
Dieser Computer ist der letzte Scheißdreck!

1

I can't believe you bought that lame-ass computer. *AE*
Ich kann nicht glauben, dass du dir so einen lahmarschigen Computer gekauft hast.
Wenn du keine Probleme mit der Technik hast ... mach dich einfach über Leute lustig, die welche haben!

Ahh, all the instructions might as well be in Chinese for all the sense they make! / These instructions are Greek to me.
Mann, die Anleitung könnte genauso gut auf Chinesisch sein, ich versteh kein Wort!/Ich versteh die Anleitung absolut nicht!

Schimpfwörter für ...

... nervige Menschen. Wer auch immer dich annervt, hier findest du die richtigen Schimpfwörter für ihn oder sie ...

Die Basics

Notfallwortschatz für alle Fälle ...

You're such a geek.
Du bist so ein Streber.
In den USA ist es mittlerweile sogar cool, ein „geek" zu sein. Die Beliebtheit von Computern, Videospielen und vor allem dem Internet hatte zur Folge, dass Leute, die etwas im Kopf haben, nicht mehr als total uncool gelten, vorausgesetzt natürlich, sie sind technisch auch wirklich die absoluten Checker. Manche Leute tragen sogar T-Shirts mit der Aufschrift „I love geeks" oder mit verschiedenen Logos oder Codes von Computer- oder Videospielen.

You pleb! *BE*
Du Prolet!
Eigentlich stammt „pleb" aus der Römerzeit und ist die Bezeichnung für einen Bürgerlichen, ein Mitglied der unteren sozialen Klasse.

You're such a woose! *BE* / **You're so wet!** *BE*
Du bist so ein Weichei!

You're as thick as two short planks! *BE*
Du bist strohdoof! (Wörtl.: Du bist so dick wie zwei kurze Bretter!)

You're nuts *AE, BE* / **psycho** *AE, BE* / **a nutter!** *BE*
Du bist total gestört!/Du bist so ein Psycho!

You're just so gormless! *BE* / **You plonker!** *BE*
Du bist so ein Vollidiot!

You're a gormless, useless, jumped-up, elongated, never-come-down-on-a-Saturday-night, fish and chater walloper! *BE*
Du bist einfach der größte Idiot, den ich kenne! (Wörtl.: Du bist ein doofer, nutzloser, aufgeblasener, extralanger, an-einem-Samstagabend-nie-bumsender Fisch und Schlappschwanz!)
Sag's wie ein waschechter Londoner!

Who dragged you up?
Wer hat dich denn erzogen?
Benutz diesen Spruch für jemanden, der null Manieren hat.

Were you brought up in a field? *BE /*
Were you raised in a barn? *AE*
In welchem Dreckloch bist du denn aufgewachsen? (Wörtl.: Bist du auf einem Acker/in einer Scheune aufgewachsen?)
Sag's, wenn jemand z. B. überall auf dem Boden Dreck hinterlässt.

You're talking a load of bollocks *BE* / **shit !** *AE, BE* / **shite** *NORDENGLAND, SCHOTTLAND* / **bullshit. !** *AE, BE*
Du laberst eine ganze Menge Scheiße.

Stop bugging me!
Hör auf, mich zu nerven!

You're driving me round the bend! *BE /*
You're driving me up the wall. *AE /*
You're driving me crazy!
Du machst mich echt wahnsinnig!/Du machst mich echt irre!

Traust du dich, mal so richtig heftig auszuteilen? Hier findest du die angesagtesten, miesesten, unverschämtesten Wörter, mit denen du Leuten absolut deutlich sagen kannst, wie ätzend du sie findest.

You're such a …	Du bist so ein …
fuckwad. 💣 *AE*	Scheißkerl/Miststück.
douche-bag. ! *AE*	Loser.
jerkoff. ♂ *AE* /	Arschloch/Vollidiot.
jackoff. ♂ *AE*	
asshole ! *AE* /	Arschloch.
arsehole. ! *BE*	
asswipe. ! *AE*	Arschloch.
cocksucker. 💣	Schwanzlutscher.
wanker. ♂ 💣	Wichser.
arse. 💣 *BE*	Arsch.

Den Typen kannst du überhaupt nicht ab? So kannst du ihn beschreiben oder es ihm ins Gesicht sagen:

Men!
Männer!
Sag's in einem verzweifelten Ton und streck dabei deine Hände in die Luft. Jeder wird kapieren, was du meinst.

Men! You never listen!
Männer! Ihr hört einfach nie zu!

Oh, you're all the same!
Oh, ihr seid doch alle gleich!

You're so gay. !
Du bist so was von uncool./Du bist so schwul.
„That's gay" dagegen sagt man in Großbritannien, wenn etwas total super ist. Verwirrt?

Urgh! You're just tied to your mother's apron strings! / You're such a mummy's *BE* **/ momma's** *AE* **boy!**
Oh Mann! Du bist so ein Muttersöhnchen! (Wörtl.: Du hängst am Schürzenzipfel deiner Mutter!)

1

He's a bit of a dick.
Er ist ein Arschloch./Er ist ein Wichser.
„Dick" ist das Slangwort für Penis.

Ian is such a prick!
Ian ist so ein Scheißkerl!
„Prick" ist wieder ein anderer Name für das beste Stück des Mannes!

Matt is a total tool. *AE*
Matt ist so ein Vollidiot.
„Tool" ist das passende Schimpfwort für jeden, der dir auf die Nerven geht: Nervensägen, die glauben, immer alles besser zu wissen; oder Prahler, die ständig zu allem und jedem eine Geschichte zu erzählen haben, die aber niemanden interessiert; oder natürlich für Leute, die ganz einfach asozial sind.

John is such a meathead. *AE*
John ist so ein Dummkopf/eine Matschbirne.

Frauen

Sie hält sich für was ganz Großartiges oder ist einfach nur stressig? So kannst du sie ruhig stellen:

Oh, women! You're all the same!
Oh, Frauen! Ihr seid doch alle gleich!

Women!
Weiber!

Why are you being such a drama-queen?
Jetzt sei doch nicht so dramatisch!

You're such an old gossip!
Du bist so eine Klatschtante.

You women, you always choose the most difficult way to do things!
Ihr Frauen müsst immer alles auf die komplizierte Art machen!

Do you have any idea what logic is?
Hast du irgendeine Ahnung von Logik?

You minx! *BE*
Du Biest!

You've got verbal diarrhoea! *BE*
Du hast echt Sprechdurchfall!

1

You're so blonde.
Du bist sooo blond.
Blond ist auch bei den Amis und Briten ein Synonym für blöd. Du kannst natürlich auch Dunkelhaarige so beschimpfen ...

You're such a ditz.
Du bist so doof.

You witch!
Du Hexe!

You little twat!
Du Fotze!
„Twat" ist ein anderes Wort für „vagina".

You bitch!
Du Miststück!/Du Schlampe!

You fucking / dirty / filthy whore / slut / tramp!
Du Drecksschlampe!/Du verfickte Hure!

You frigid bitch!
Du frigide Fotze!

Nervige Kinder

Du willst im Park entspannen, und es wimmelt nur so von lärmenden Kindern? Oder dachtest du, mit Babysitten ließe sich einfach Geld verdienen? Folgende Sprüche werden dir helfen, wenn's dir zu bunt wird:

You little brat / devil!
Du kleiner Teufel!/Du kleiner Satansbraten!

You little horror!
Du kleines Ungeheuer!

You're a little scunner! *SCHOTTLAND*
Du bist ein kleines Ungeheuer!

You scallywag!
Du Schlingel!
Eigentlich lieb gemeint und eher ein Kosewort.

You little rugrat. *AE*
Du kleiner Racker.
„Rugrat" sagt man wie „scallywag" zu einem Kind, das nur Unfug im Kopf hat. Es kann aber auch ein Kosewort sein.

You're just a little tinker *BE* **/ tike!** *AE, BE*
Du bist so ein kleiner Strolch!
„Tinker" hießen ursprünglich die Zigeuner.

Do that again and you'll get your head in your hands to play with! *BE*
Mach das noch mal, und ich zieh dir die Ohren lang! (Wörtl.: Mach das noch mal, und du wirst deinen Kopf in deinen Händen halten und mit ihm spielen können!)

Stop being such a cry baby!
Sei doch nicht so eine Heulsuse!
Nach so einem Spruch würde wohl jedes Kind nur noch mehr heulen ...

Liar, liar, your pants are on fire! *BE* / **Liar, liar, pants on fire!** *AE*
Lügner! Lügner! (Wörtl.: Lügner, Lügner, deine Unterhose/Hose brennt!)
Dieses Kinderlied singen Kids – und just for fun auch Erwachsene –, wenn sie glauben, dass jemand lügt. Achtung: In Großbritannien sind „pants" Unterhosen, in Amerika normale Hosen.

Klammernde Eltern 1

Deine Alten gehen dir mal wieder total auf die Nerven? So kannst du dich über sie aufregen …

My mum *BE* **/ mom** *AE* **is a silly cow!**
Meine Mutter ist eine dumme Kuh!

I wish I had never been born!
Ich wünschte, ich wäre nie geboren worden!

I hate my parents!
Ich hasse meine Eltern!

It's my life, not theirs!
Das ist mein Leben und nicht ihres!

They're the worst parents in the world!
Sie sind die schlechtesten Eltern der Welt!

My mum is a bit of a dragon. *BE*
Meine Mutter ist ein solcher Drachen.

"The warden" won't let me out tonight.
Mein Aufpasser lässt mich heute nicht weggehen. (Wörtl.: Gefängniswärter)
Ziemlich krass, seine Eltern mit Gefängniswärtern zu vergleichen …

1

My parents are always breathing down my neck!
Meine Eltern lassen mich nie aus den Augen! (Wörtl.: Meine Eltern blasen mir immer in den Nacken!)

My parents are always trying to meddle.
Meine Eltern versuchen immer, sich in mein Leben einzumischen.

It's time to cut the cord / cut the apron strings.
Es ist Zeit, sich abzunabeln. (Wörtl.: Es ist Zeit, die Schnur/den Schürzenzipfel durchzuschneiden.)
Sagt man zu einer Mutter, die ihre Kinder nicht loslassen will, in Anspielung auf die Nabelschnur, die bei der Geburt durchtrennt wird.

She's just like a hen clucking over her chickens.
Sie ist so eine Glucke.

Miese Exfreunde 1

Gebrochenes Herz? Liebeskummer? Hier findest du ein paar Gemeinheiten, die du dem oder der Verflossenen an den Kopf werfen kannst.

Gemeinheiten für Ex-Freunde

You're a ...	Du bist ein ...
player.	Aufreißer/Frauenbetrüger.
dog. *AE*	(untreues) Schwein. (Wörtl.: Hund) In Großbritannien bezieht sich „dog" auf Mädels, nicht auf Jungs.
scumbag.	Bastard.
creep.	Scheißkerl.
sleaze. *BE*	Dreckskerl/Schwein.
dick. 💣	Wichser. (Wörtl.: Schwanz)
wanker. 💣 *BE*	Wichser.

Gemeinheiten für Ex-Freundinnen

You're a ...	Du bist ein/eine ...
bitch. !	Fotze/Bitch. (Wörtl.: Hündin)

1

You're a ...	Du bist ein/eine ...
hoebag.	Schlampe.
slapper. *BE*	Schlampe.
tart. !	Schlampe/Flittchen.
slut.	Schlampe/Flittchen.
dog. *BE*	Schlampe/Flittchen.
whore.	Nutte.
skank. ! *AE*	Drecksschlampe. „Skank" spielt darauf an, dass sie eine Geschlechtskrankheit haben könnte.

Unfaire Lehrer

Bei manchen pennt man fast ein, bei anderen hat man das Gefühl, man kann's ihnen sowieso nie recht machen ... Lehrer sind ein schwieriges Volk!

Mrs Collins is a right nit-picker. *BE*
Mrs Collins ist total pingelig.

Mrs Kane is such an old hag.
Mrs Kane ist so eine alte Hexe.

Wenn du Bock auf Nachsitzen hast, kriegst du's so bestimmt hin:

You're such a know-it-all!
Sie sind so ein Besserwisser!

You're a right bossy cow! ♀ *BE*
Sie sind wirklich eine herrische Kuh!

You're such a demanding dickhead! ♂
Sie sind so ein anspruchsvoller Idiot!

You're so up yourself! *BE* / **You're so full of yourself!** *AE, BE*
Sie sind so arrogant!/Sie sind so eingebildet!

Why are you playing favorites? That's not fair! *AE*
Wieso bevorzugen Sie manche Schüler? Das ist nicht fair!

You're so clueless! / You just don't get it!
Sie sind so planlos!/Sie checken einfach gar nichts!

Butt out! / It's none of your (fucking) business!
Verpissen Sie sich!/Das geht Sie einen Scheißdreck an!

Don't treat me like a retard. ! *AE*
Behandeln Sie mich nicht wie einen kompletten Vollidioten.

Tyrannische Chefs

Du fühlst dich total ausgebeutet oder wirst ständig nur runtergeputzt? So kannst du deinem Ärger Luft machen:

He's a bit of a control freak!
Er ist ein ziemlicher Kontrollfreak!

She's such a micro-manager. *AE*
Sie ist so pedantisch/kleinlich.

She's such a slave driver!
Sie ist die totale Sklaventreiberin!
Sagt man von jemandem, der seine Angestellten hart rannimmt und ihnen eine Menge Überstunden aufbrummt.

Du würdest es wahrscheinlich nicht wagen, deinem Chef solche Sprüche ins Gesicht zu sagen, aber wenn's doch mal hart auf hart kommt, findest du hier eine Auswahl an ultrakrassen Beleidigungen, mit denen du deine Vorgesetzten provozieren könntest. Egal, für welchen du dich entscheidest, die Message ist immer so ziemlich die gleiche: „Ich kündige!". In Großbritannien würde übrigens nie jemand auf die Idee kommen, seinen Chef offen zu beleidigen, das gehört sich einfach nicht.

Take this job and shove it!
Sie können sich diesen Job sonstwohin stecken!
Das ist eine Zeile aus einem alten Song. Viele unzufriedene Leute träumen davon, sie ihrem Chef mal ins Gesicht zu sagen, aber nur wenige tun's tatsächlich ...

You can stuff your job where the sun never shines!
Schieben Sie sich Ihren Scheißjob doch in den Arsch! (Wörtl.: Sie können sich Ihren Job dahin stecken, wo die Sonne niemals scheint.)

You're just here because you slept your way to the top.
Sie sind doch nur hier, weil Sie sich hochgeschlafen haben.

I could sue your ass off for flirting with me like that. *AE*
Ich könnte Sie wegen sexueller Nötigung verklagen, so wie Sie hier mit mir rumflirten.

You're a hard-assed, nit-picky, (son of a ♂) fucking bitch. ♀ 💣 *AE*
Sie sind ein saudoofer, kleinkarierter Hurensohn./ Sie sind eine saudoofe, kleinkarierte Schlampe.

You couldn't organise a piss-up in a brewery! *BE*
Sie wären sogar zu blöd, um eine Sauforgie in einer Brauerei zu veranstalten!

You're a right stressy bitch! ♀ 💣 *BE* /
You're a high-strung bitch! ♀ 💣 *AE, BE*
Sie sind so eine stressige Oberzicke!

Du bist Nichtraucher und kannst den Qualm nicht ab? Militante Nichtraucher nerven dich? So kannst du dich beschweren:

You're such a smokey joe.
Du rauchst ganz schön viel.
Sei vorsichtig mit diesen Sprüchen! Die Briten sind zwar ziemlich gesprächig, wenn es um ihre Einstellung zum Rauchen geht, trotzdem ist es nicht ihr Ding, Raucher bzw. Nichtraucher anzugreifen.

You smoke like a chimney.
Du rauchst wie ein Schlot.

You smell like an ashtray.
Du stinkst wie ein Aschenbecher.

FACTS In Großbritannien hat man's als Raucher noch relativ leicht, während man im Nachbarland Irland mit ziemlich strengen Verboten gegen die Qualmer vorgeht. Großbritanniens Regierung hat entschieden, dass England, Wales, Schottland und Nordirland selbst entscheiden können, ob und welche Verbote in ihren Staaten eingeführt werden. Die schottische Regierung hat schon seit März 2006 das Rauchen

in allen öffentlichen Gebäuden ihres Landes, also auch in Pubs, Clubs und Kneipen, per Gesetz verboten. England hat vor, 2008 mit einem solchen Verbot nachzuziehen, das aber nur bestimmte öffentliche Gebäude betreffen soll. In Wales wird noch über die ganze Angelegenheit beraten.
In den USA wird die öffentliche Stimmung immer raucherfeindlicher. In vielen Staaten, wie z. B. Kalifornien, New York und Massachusetts, ist das Rauchen in öffentlichen Gebäuden, Restaurants und Bars komplett verboten. In anderen Staaten sind Restaurants, Kasinos etc. Nichtraucherzone, nur in einigen wenigen Bars und Clubs darf man sich noch ungestört eine anzünden.

Lighting up again? You're turning into a chain-smoker.
Machst du dir schon wieder eine an? Du wirst echt zum Kettenraucher.

Would you put out that cancer-stick?
Würdest du diesen Glimmstängel/Sargnagel ausdrücken?

You're such a tight-ass *AE* **/ whinger.** *BE* **Would you quit bitching about the smoke?**
Du bist so ein verbohrter Nörgler. Hör endlich auf, mich wegen der Kippe anzumachen!

... und andere Idioten

Wenn du jemanden so richtig anpissen willst, dann erklär ihn einfach zum Intelligenzallergiker!

You're such ...	Du bist echt ...
an idiot.	ein Idiot.
a numpty. *BE*	ein Trottel.
a blonde.	blond.
a moron.	ein Vollspack.
a special. *BE*	total bescheuert.
an airhead. *AE*	ein Hohlkopf.
a nitwit.	ein Schwachkopf.
a dumbass. !	ein Nullchecker.
a numbnuts. ! *AE*	'ne taube Nuss.
a fucking idiot.	ein Vollidiot.

You've lost the plot. *BE*
Bei dir ist echt alles verloren.

1

You really don't have a clue.
Du hast echt keinen Plan von nichts.

Die absolut heftigsten Schimpfwörter und die Konter dazu ...

Zu höflich bist du damit sicher nicht!

Unzensiert

Die heftigsten Schimpfwörter ...

Fuckwit! *BE*
Nullchecker!

You're a shithead.
Du bist echt ein Scheißkerl.

Retard!
Behindi!
„Retard" kommt von „retarded" (körperlich oder geistig behindert). Das Ganze ist also ziemlich gemein.

What a mongo! 💣 *BE*
Was für ein Mongo!

Fuck off! *AE, BE* / **Bugger off!** 💣 *BE*
Verpiss dich!/Mach 'nen Abgang!

I don't give a fuck 💣 / **damn!** 💣
Da scheiß ich drauf!/Ist mir scheißegal!
Bei einigen Briten gilt „damn" immer noch als ziemlich heftig. Im Amerikanischen ist es dagegen weniger krass.

... und die besten Konter:

Up yours! ! *in AE,* 💣 *in BE* / **Shove it!** ! *in AE,* 💣 *in BE*
Leck mich!/Fick dich!
Dazu gibt's in Großbritannien oft noch den Stinkefinger.

Go to hell! !
Verpiss dich! (Wörtl.: Fahr zur Hölle!)

I don't give a shit. 💣
Das geht mir am Arsch vorbei.

Bite me. 💣 / **Eat me.** 💣
Gib's mir. (Wörtl.: Beiß mich!/Ess mich!)

You startin'? / You steppin'?
Willst du mich anpissen/provozieren? (Wörtl.: Fängst du an?)

You wanna go? *AE*
Willst du Schläge?

Don't start with me, punk.
Provozier mich nicht, du Spack.

Wanna fight, pussy? ♂ ! *AE*
Willst du Schläge, Weichei?
Wenn du einen Mann als „pussy" beschimpfst, heißt das, dass du ihn für einen tuntigen Schlappschwanz hältst. Das Ganze ist also wirklich unterste Schublade, vor allem, wenn du ihm dabei auch noch Prügel androhst.

Bring it on!
Trau dich!/Versuch's doch mal!

Back off! / Step off!
Komm mal wieder runter!/Bleib mal cool!

Fuck you!
Leck mich!/Fick dich!

Und wenn du Briten oder Amerikaner so richtig anpissen willst, dann solltest du ihre Family beleidigen … Natürlich nur im Notfall!

You're a son of a bitch. ♂ *AE* / **You son of a bitch.** ♂ *AE, BE*
Du Hurensohn!

You're a bastard.
Du Bastard!

Your mom's a milf. *AE*
Deine Mutter würde ich gern ficken.
(Wörtl.: Deine Mutter ist eine „Mutter, die ich gern ficken würde".)

FACTS „Milf" ist ein Akronym für „Mom I'd Love to Fuck". Das klingt auf den ersten Blick vielleicht wie ein Kompliment, aber sei dir sicher: Dein Gegenüber wird sich alles andere als geschmeichelt fühlen. Seit dem Spielfilm „American Pie" gibt es die „milf" auch in Großbritannien.

1

Wenn du einen witzigen und originellen Spruch über jemands Mutter loslässt, hast du die Lacher bestimmt auf deiner Seite. In den USA ist das total hip, je kreativer die Beleidigung, desto besser. Mittlerweile ist diese Welle sogar schon nach Großbritannien übergeschwappt. Versuch's mit den folgenden Sprüchen, wenn du dich das nächste Mal über jemanden lustig machen willst.

Your mum … *BE* / **Your mom …** *AE*

Deine Mutter …

Eine Abkürzung für extrem vulgäre Sprüche, mit denen du dich über die Mutter anderer Leute lustig machen kannst. Ein Beispiel: „Your Mum is so fat, if she fell down the Grand Canyon, she'd block it" (Deine Mutter ist so fett, wenn sie den Grand Canyon hinunterstürzen würde, würde sie ihn verstopfen.). Du musst dir aber gar keine so krassen Vergleiche ausdenken, „your mum" reicht völlig. Jeder wird checken, was du damit sagen willst.

Yo' momma so fat when she gets on the scale it says "one at a time please". *AE*
Deine Mutter ist so fett, wenn sie auf die Waage steigt, sagt die „nur eine Person auf einmal bitte".

Yo' momma so dumb it takes her two hours to watch 60 minutes. *AE*
Deine Mutter ist so dumm, dass sie zwei Stunden braucht, um „60 Minuten" anzusehen.
„60 Minutes" ist eine Nachrichtensendung in den USA, die nur eine Stunde dauert.

I had your mum. *BE* **/ I banged your mom.** *AE*
Ich hab deine Mutter gefickt.

That's not what your mum *BE* **/ mom** *AE* **said last night.**
Da hat deine Mutter aber gestern Nacht was anderes gesagt.

Your cousin's a bitch. ♀ !
Deine Cousine ist voll das Miststück/die Schlampe.

Your sister's a slut. ♀
Deine Schwester ist 'ne Schlampe.

Falls du die Situation etwas entschärfen und mit weniger vulgären Sprüchen auffahren willst, versuch's damit:

Love you (too).
Ich dich auch./Ich hab dich auch lieb.

Thanks, sweetie.
Danke, Schätzchen.

Für Lästermäuler 2

- *Gemeines über den oder die Ex – moralisch unkorrekt, aber manchmal einfach nötig*
- *Bierbauch, Birnenhintern, Bundfaltenhose und alles, worüber man sonst noch so herziehen kann*

Schluss, aus und vorbei. Wenn du eigentlich echt froh bist, dass du ihn oder sie endlich los bist, kannst du's so sagen:

Eric is a (right *BE*) two-timer.
Eric hat zwei (Frauen) auf einmal.

William is a total operator.
William ist der totale Aufreißer.

What a prick. He totally played me. *AE*
Was für ein Arsch. Er hat nur mit mir gespielt.

I thought Bill liked me, but he was nothing but a man-whore. ♂ *AE*
Ich dachte, Bill würde mich mögen, aber der geht ja mit jeder ins Bett.

I'm better off without that himbo. ♂ *AE*
Ich bin ohne diesen Poser/Lackaffen besser dran.
„Himbo" ist das männliche Pendant zu „bimbo" ♀. So kannst du einen attraktiven, aber ziemlich beschränkten Typen nennen, der oft nicht mal einen hochkriegt.

He's nothing to write home about.
Er war überhaupt nichts Besonderes.
(Wörtl.: Er war es nicht wert, dass man über ihn nach Hause schreibt.)

He thinks he's such a mack ... but his game is weak. *AE*
Er denkt, er wäre voll der Checker ... aber er hat's null drauf.
„Mack" kann unterschiedlich verwendet werden. Als Substantiv bedeutet es „Frauenschwarm" und wird für einen Typen benutzt, der haufenweise Girls haben kann. Eigentlich hieß es „mack daddy", aber weil's kürzer ist, sagt man nur „mack" oder „the mack". „Mack" kann aber auch ein Verb sein („to mack (on)"), was „jemanden angraben" heißt.

He wasn't exactly a stud.
Er war nicht gerade der Bringer./Er hat's nicht sonderlich drauf.
Wenn du ihn wirklich verletzen willst, beleidige seine Männlichkeit.

She's nothing but a gold digger.
Sie ist nur scharf aufs Geld. (Wörtl.: Sie ist nichts als eine Goldgräberin.)

2

Gillian is a cheat. / Gillian gets around / sleeps around.
Gillian betrügt ihren Freund. (Wörtl.: Gillian kommt herum/schläft herum.)

Thomas is nothing but a slacker.
Thomas ist so ein Faulpelz.

He / She was terrible in the sack.
Er/Sie war grottenschlecht in der Kiste.

Ruben is such a workaholic / is married to his job.
Ruben ist der totale Workaholic/ist mit seinem Job verheiratet.

Mark has no backbone / is totally spineless.
Mark kann sich null durchsetzen./Mark hat null Rückgrat.

Wenn du deinen Ärger nicht nur runter-schlucken willst, findest du hier die Sätze zum Lästern bis zum Abwinken ...

Sam is such a poser.
Sam ist der totale Poser.

Oh you don't want to ask Katy to the party. She's such a swot. *BE*
Du willst doch nicht etwa Katy zu der Party einladen. Sie ist so eine Streberin.

He bugs me / gets right up my nose. *BE*
Er nervt mich so an.

She really gets on my nerves.
Sie geht mir echt total auf die Nerven.

She's a right old bat *BE* **/ battleaxe!** *BE*
Sie ist eine richtige alte Schrulle./
Sie ist ein richtiger Drachen.
Normalerweise sagt man das zu älteren Frauen.

Brian's such a loser! *AE*
Brian ist voll der Loser/Schlappschwanz!
„Loser" wird durch amerikanische Filme auch in Großbritannien so langsam ein In-Wort.

My little brother is such a wimp!
Mein kleiner Bruder ist so ein Schlappschwanz!

Rob is such a momma's boy *AE* **/ a mummy's boy!** *BE*
Rob ist echt ein Muttersöhnchen!

I can't stand Julie.
Ich pack Julie nicht.

Brian is such a spaz.
Brian ist voll der Spasti.
Pass auf, zu wem du's sagst, da „spaz" von „spastic" (spastisch) kommt.

Oh, he's a right one. *BE*
Mann, er ist echt unfreundlich.

Ugh, don't bring Mary to the bar, she's a total buzz-kill *AE* **/ party pooper.** *BE*
Oh Gott, bring bloß nicht Mary mit in die Kneipe, sie ist die volle Stimmungskillerin/sie ist so ein Partymuffel.
„To have a buzz" sagt man, wenn man leicht angesäuselt ist, sich super amüsiert und gerade erst richtig in Fahrt kommt. Ein „buzz-kill" ist jemand, der dir die Stimmung verdirbt, weil er unfähig ist, Party zu machen.

Sally just swings off Luke and his crowd. *BE*
Sally gibt alles, um in Lukes Clique zu kommen.

Sophie is Lucy's bitch. / Lucy owns Sophie.
Sophie macht alles für Lucy. (Wörtl.: Sophie ist Lucys Hündin./Lucy besitzt Sophie.)
Im Britischen kann das Verb „to own" auch heißen, dass etwas saugeil ist, z. B. „This band owns." (Das ist eine verdammt geile Band.).

Samantha is …	Samantha ist …
a spoiled brat.	ein verzogenes Gör.
a daddy's girl. ♀	Papis Liebling.
snobby.	ein Snob.
stuck-up.	'ne hochnäsige Zicke.
a bitch. ♀ 💣	'ne gemeine Zicke.
a tight-ass. 💣 *AE*	total verklemmt/total unentspannt.

Mike is …	Mike ist …
weird.	total strange.
a dumb jock. *AE*	sportlich, aber hirnlos.
a freak. !	total strange/ein Freak.
a prick. 💣	ein Arsch.
a total waster. *BE*	ein total verplanter Typ.
a right tosspot. *BE*	ein Flachwichser.

2

Scott is a few sandwiches short of a picnic. *AE, BE* / **Scott is not the full shilling.** *BE*
Scott hat sie nicht alle. (Wörtl.: Scott hat ein paar Sandwiches zu wenig für ein Picknick./Scott ist nicht der ganze Schilling.)

The light is on but there's nobody home.
Er/Sie hat sie nicht alle. (Wörtl.: Das Licht ist an, aber es ist keiner zu Hause.)

Für Insider *Je höflicher und trockener du deine Beleidigungen rüberbringst, desto heftiger werden sie dein Opfer treffen. Wenn dir das nächste Mal jemand super auf die Nerven geht, such dir einen von diesen Sprüchen aus, um so richtig über ihn oder sie abzulästern:*

He's not the sharpest crayon / tack in the box.
Er ist nicht der Hellste. (Wörtl.: Er ist nicht der spitzeste Buntstift/der schärfste Nagel in der Kiste.)

He's not the brightest bulb in the pack.
Er ist nicht der Hellste. (Wörtl.: Er ist nicht die hellste Glühbirne in der Packung.)

He's not the sharpest tool in the shed.
Er ist nicht der Hellste. (Wörtl.: Er ist nicht das schärfste Werkzeug im Schuppen.)

He's about as sharp as a marble.
Er ist nicht der Hellste. (Wörtl.: Er ist genauso spitz wie eine Murmel.)
Und Murmeln sind ja normalerweise nicht spitz … kapiert?

She's a few beers short of a six-pack.
Sie hat sie nicht alle. (Wörtl.: Zum Sixpack fehlen ihr ein paar Bier.)

She's a few marbles short of a set.
Sie hat sie nicht alle. (Wörtl.: Zum Set fehlen ihr ein paar Murmeln.)

She's a few cows short of a herd.
Sie hat sie nicht alle. (Wörtl.: Zur Herde fehlen ihr ein paar Kühe.)

She's a few fries short of a Happy Meal.
Sie hat sie nicht alle. (Wörtl.: Zum Happy Meal fehlen ihr ein paar Pommes.)

He / She would drive you to drink!
Wegen ihm/ihr könnte man zum Säufer werden!
Wenn er oder sie ohne Alkohol einfach nicht zu ertragen ist ...

Martin is a total smackhead *BE* **/ cokehead** *AE, BE* **/ pothead** *AE, BE* **/ druggie.** *AE, BE*
Martin ist der totale Fixer/Kokser/Kiffer/Drogi.

Chris is a total stoner.
Chris ist ständig stoned./Chris ist der volle Kiffer.
„Getting stoned" ist ein anderes Wort für „Marihuana rauchen"; ein „Stoner" ist also jemand, der immer bekifft ist oder Pot raucht.

Joel is screwed up to the max *BE* **/ big-time.** *AE*
Joel ist wirklich total im Arsch.

George has issues.
George hat ein Päckchen zu tragen.
„Issues" können viele Dinge sein. Wer „issues" hat, kriegt sein Leben normalerweise gerade null auf die Reihe, aber man möchte sich da lieber raushalten.

Hannah is totally fucked up.
Hannah ist total im Arsch.

Die richtigen Lästereien von Bierbauch bis Hackfresse ...

Mark ...	Mark ...
has a beer gut.	hat einen Bierbauch.
has love handles.	hat Rettungsringe.
has rolls *AE* / **has tyres** *BE* / **has a spare tire.**	hat Speckrollen am Bauch.
is bald.	hat eine Glatze.
is short.	ist klein.
has man boobs.	hat Titten.

Tina is a total fat-ass. !
Tina hat einen total fetten Arsch.
Das kann echt wehtun ...

Silvia is built like a little boy.
Silvia hat eine Figur wie ein Backfisch.
(Wörtl.: wie ein kleiner Junge)
Also keine Kurven, keine Brüste ...

Amanda is totally flat.
Amanda ist total flach.

Beth has mosquito-bite boobs.
Beth hat zwei Mückenstiche.
So klein, dass sie an zwei Mückenstiche auf ihrer Brust erinnern ... alles klar?

Jenny is flat as a pancake. *BE*
Jenny ist flach wie ein Brett. (Wörtl.: flach wie ein Pfannkuchen)

Michelle is a butter-face. ! *AE*
Michelle ist ein Gesichtskrapfen/eine Hackfresse. (Wörtl.: Michelle ist eine „bis-auf-das-Gesicht".)
Eigentlich „but her face", d. h. alles an ihr ist attraktiv ... bis auf das Gesicht.

Nice from far, but far from nice. *BE /*
Good from afar, but far from good. *AE*
Gut aus der Ferne, schlecht aus der Nähe.
Benutz dieses Wortspiel, wenn du jemanden von Weitem ganz attraktiv fandest, aber aus der Nähe ...

Sharon has bingo wings. *BE*
Sharon hat Schwabbelarme. (Wörtl.: Sharon hat Bingo-Arme.)
Eine Anspielung auf die alten Bingo spielenden Damen mit den schwabbeligen Oberarmen, die sie hochheben, um ein Bingo anzuzeigen.

Oh, she's just completely busted. *AE*
Sie ist einfach nur potthässlich.

Joey looks like the back end of a bus / horse.
Joey sieht einfach nur scheiße aus. (Wörtl.: Joey sieht aus wie das Ende eines Busses/der Arsch eines Pferdes.)

She's got a big bahookie. *SCHOTTLAND*
Sie hat einen Riesenarsch.

Pete is not much to look at.
Pete ist nicht wirklich was fürs Auge.

FACTS Nur für den Fall, dass es dir nicht eh schon klar ist: Natürlich solltest du keinen von diesen Lästersätzen irgendjemandem direkt ins Gesicht sagen. Es ist immer noch mies genug, hintenrum so über jemanden zu hetzen, sogar bei den Amerikanern, die sehr direkt sein können.

2

Sarah is a bit of a plain Jane.
Sarah ist nicht gerade eine Schönheit.
(Wörtl.: Sarah hat ein bisschen was von einer einfachen Jane.)

Maggie has legs like tree trunks / an elephant.
Maggie hat ziemliche Stampfer/Krautstampfer.

Laurie has thunder thighs.
Laurie hat fette Schenkel.

Katie has such saddle-bags.
Katie hat total fette Schenkel/Reiterhosen.

Sally has got such large muffin tops, she shouldn't wear those short tops.
Sally hat solche Speckrollen, sie sollte nicht diese kurzen Tops tragen.

Wenn jemand Hüftjeans trägt und dabei vorn und seitlich der Bauchspeck über die Jeans quillt, nennt man das „muffin tops", weil es aussieht wie der obere Teil vom Muffin, der über das Förmchen quillt.

He's got a face only a mother could love.
Er hat die totale Hackfresse. (Wörtl.: Er hat ein Gesicht, das nur eine Mutter lieben könnte.)

He's got a great face for radio.
Er ist potthässlich./Er hat ein perfektes Gesicht fürs Radio.
Wenn du beim Radio bist, kann dich keiner sehen. Wenn also jemand zu dir sagt, dass du ein perfektes Gesicht fürs Radio hast, hat er dich gerade als potthässlich beschimpft.

John has ears / lugs like the Scottish cup.
SCHOTTLAND
John hat riesige Ohren. (Wörtl.: John hat Ohren wie der schottische Pokal.)
Um den schottischen Pokal spielen die schottischen Profi-Fußballmannschaften.

Sam has dumbo ears.
Sam hat Ohren wie Dumbo.
Also so riesige Ohren wie Dumbo, der Elefant aus dem Zeichentrickfilm, der deswegen gehänselt wird.

Jasmine has a ghetto booty. ! *AE*
Jasmine hat einen breiten Arsch.
VORSICHT! Normalerweise sagt man das nur zu schwarzen Frauen oder Latinas, und das Wort „ghetto" kann natürlich auch ziemlich rassistisch rüberkommen. Wenn du es aber auf die richtige Art und zu Leuten, die du gut kennst, sagst, kann „ghetto booty" auch ein Kompliment sein und heißen, dass jemand einen großen, geilen, sexy Hintern hat.

She's such a dog *AE, BE* / **ming** *BE* / **boot** *AE, BE* / **manbeast** *AE, BE* / **bag.** *AE, BE*
Sie ist potthässlich./Sie ist der Mega-Abtörner.

Hässliche Outfits

Es gibt Leute, die einfach immer in den falschen Klamotten rumlaufen ... jetzt kannst du endlich richtig über sie lästern!

These pants *AE* **/ trousers** *BE* **are ...**	Diese Hose ist ... Vorsicht Fettnäpfchen! In Großbritannien bedeutet „pants" Unterhose!
totally out right now.	jetzt absolut out.
totally 10 minutes ago. *AE*	absolut von gestern.
totally last season. *BE*	absolut von gestern.
"retro".	retro (im negativen Sinne).

Absolut out auf die nette britische Art. Mach dabei mit den Fingern Anführungszeichen. Insgesamt sind in Großbritannien Vorsicht und Höflichkeit angesagt. Man gibt lieber eine vage Antwort wie „I like that colour" (Die Farbe gefällt mir.), statt die nackte Wahrheit („It makes your bottom look huuuuge", dein Hintern sieht darin riesig aus.) zu sagen.

Michelle …	Michelle …
has no fashion sense. *AE*	hat keinen Geschmack.
has no dress sense. *BE*	hat keinen Geschmack.
is clueless.	hat keinen Geschmack.
is so not with it.	hat keinen Geschmack.
dresses like an old lady.	zieht sich an wie eine Oma.
Tom's outfit is totally …	Toms Klamotten sind total …
tacky.	geschmacklos.
flashy.	schrill/grell/flashig.
cheesy.	aus der Mode.
Allie's outfit is totally …	Allies Klamotten sind total …
frumpy.	altmodisch.
slutty.	nuttig.

FACTS Es gibt tausend verschiedene Modestile und natürlich auch viele Sprüche, um sich darüber lustig zu machen. In den USA ist ein „preppy dresser" jemand, der bequeme und konservative Klamotten trägt. Du kannst einen Mann als „thug" (Schlägertypen) bezeichnen, wenn er Baggyhosen, Springerstiefel und Kappe oder Kopftuch trägt, dazu meist noch Gold- oder Diamantschmuck. Das englische Äquivalent für „preppy" ist „ra" oder „sloane". Typen tragen für gewöhnlich gut sitzende Sakkos, Schals und ordentlich gebundene Lederschuhe, während Pashminas bei den Girls ein absolutes Muss sind. Eine gefütterte Barbourjacke ist das Trendteil schlechthin. Jemand, der auf Designerlabels und Baseballkappen von Burberry – oder zumindest im Burberrystil – steht, wird in England als „chav" bezeichnet. In Schottland sagt man „ned". Beide kleiden sich ähnlich, allerdings sieht man „neds" oft noch in Trainingshosen und weißen Turnschuhen. Sie gelten als hirnlose, kriminelle Spacks, die Spaß daran haben, in getunten Autos durch die City zu cruisen. Ein anderer Modetrend ist der „Hippiestil" oder „Bohostil" (auf Englisch „hippie" oder „boho"). Ihn lieben hauptsächlich Frauen, die erdfarbene, fließende Klamotten tragen, wie die Hippies in den sechziger Jahren.

What is that about?!!! *BE* / **What's up with that?!!** *AE*
Was soll denn das sein?!
Deute dabei auf das betreffende Kleidungsstück.

She looks like an unmade bed.
Sie sieht aus, als hätte sie in ihren Klamotten geschlafen. (Wörtl.: Sie sieht aus wie ein ungemachtes Bett.)
Sag's, wenn ihre Klamotten superunordentlich aussehen.

She looks like she just rolled out of bed.
Sie sieht aus, als wäre sie gerade erst aufgestanden.

He looks like such a bum.
Er sieht aus wie der volle Penner.

Alkis und Rauschkugeln

So ziehst du über jemanden her, der sich ab und an oder auch immer die Kante gibt ...

Fraser is totally k.o.ed. *BE*
Fraser ist total ausgeknockt.

Steve is totally drunk *AE, BE* / **blotto!** *BE*
Steve ist total dicht.

Tom was totally hammered on Tuesday!
Tom war am Dienstag total hacke.

They went out Friday night and got pissed. ! *BE*
Sie sind am Freitag weggegangen und haben sich die Kante gegeben.

John was totally bleezin'. *BE*
John war hackedicht.

Martin was completely wrecked at Tom's party.
Martin war so was von hinüber auf Toms Party.

Sally was totally minced. *BE*
Sally war total zu.

She was totally rat-arsed. 💣 *BE*
Sie war total voll.

Lucy got so pissed she was anybody's. *BE*
Lucy war so besoffen, die hätte echt mit jedem rumgemacht.

Lauren was smashed / destroyed last night. *AE*
Lauren war gestern total fertig.

2

Fin was so wasted last Saturday night.
Fin hat sich letzten Samstag total weggemacht.

I'm three sheets to the wind! *AE*
Ich bin total besoffen! (Wörtl.: Ich bin drei Blätter im Wind!)

Katie was so messed-up / fucked-up at the bar on Friday.
Katie war am Freitag in der Bar total im Arsch.
„Messed-up" und „fucked-up" können eine Menge verschiedener Dinge bedeuten – „drunk" ist nur eine Möglichkeit.

He was so out of it.
Er stand völlig neben sich.

Peter drinks like a fish.
Peter säuft wie ein Loch. (Wörtl.: wie ein Fisch)

FACTS „Binge drinking" bedeutet, dass man mit dem Ziel weggeht, in einer Nacht (oder an einem Tag!) so schnell wie möglich so viel Alkohol wie möglich in sich hineinzuschütten. In den USA sieht man das ziemlich häufig, vor allem am College oder bei

Leuten, die gerade 21 geworden sind (da in den USA erst ab 21 legal Alkohol getrunken werden darf). Ein beliebtes Spiel zum 21. Geburtstag ist es, an diesem Tag den Versuch zu starten, 21 Drinks zu kippen.

Tony just hates to drink. *BE*
Ja, ja, Tony hasst Alkohol.
Vergiss den sarkastischen Unterton nicht!

Mike is such a lush. *AE*
Mike ist voll die Rauschkugel.

Marie is a drunk. ! *AE* / **Marie is an alchie.** *BE*
Marie ist ein Alki/'ne Rauschkugel.

Läster-Pannen

Wenn der Typ oder die Tussi, über den/die gerade gehetzt wird, plötzlich auf der Bildfläche erscheint, musst du geschickt und vor allem fix das Thema wechseln, ohne Verdacht zu erregen. Hier kriegst du ein paar Tipps, wie du (ganz relaxt) reagierst und ein Gespräch auf eine andere Schiene lenken kannst, bevor dein Opfer etwas schnallt.

Whoops, heads up!
Ups, Vorsicht!

Watch yourself, (dude *AE***).**
Pass auf, (Kumpel).

Watch your back. / Behind you.
Hinter dir.

Incoming.
Er/Sie kommt.

FACTS Wenn es dann doch mal sicherer ist, überhaupt nicht zu reden, kannst du ja als Warnung für deine Freunde immer noch auf simple Gesten oder Geräusche zurückgreifen. Ein einfaches „shhh" oder „shush" – dabei legst du noch deinen Zeigefinger an die Lippen oder schüttelst langsam den Kopf –, und deine Kumpels werden sicher checken, dass es Zeit für einen Themawechsel ist.

3 Für Jammerlappen

- *Hundeelend, völlig vereinsamt oder einfach nur mies drauf? Hier findest du Jammereien für jede Gelegenheit*
- *Notfallset mit Trostpflastern für arme Freunde*

Jammersprüche für schlechte Tage…

It's just one of those days.
Heute ist wieder einer von diesen Tagen.

I wish I was dead!
Ich wünschte, ich wäre tot!

I shouldn't have bothered getting out of bed this morning!
Ich hätte heute Morgen einfach im Bett bleiben sollen!

I'm down in the dumps. *AE, BE* / **I'm in the doldrums.** *BE*
Ich bin total down/deprimiert.

This is the pits.
Das ist das Allerletzte.

What a shitty day! !
Was für ein beschissener Tag!

I've got a case of the Mondays. *AE*
Ich hab wieder meinen Montagskoller./Ich bin wieder in meinem Montagszustand.
Ein Ausdruck, der aus dem amerikanischen Spielfilm „Office Space" stammt. „A case of the Mondays" ist eine witzige Möglichkeit zu sagen, dass du total down bist (weil es wieder Montag ist).

Who got out of bed on the wrong side this morning?
Ist da heute Morgen jemand mit dem falschen Fuß aufgestanden?

You're a bit of a sour puss today. *BE*
Du bist heute eine ziemliche Kratzbürste.
„Puss" ist ein anderes Wort für „Katze". Sag's zu jemandem, der so schlechte Laune hat, dass man den Eindruck bekommt, er hätte seine Krallen ausgefahren.

Ausgepowert

Du hängst seit Stunden auf irgendwelchen Foltermaschinen im Fitnessstudio oder bist total kaputt vom Shoppingmarathon? Hier ein paar Jammersprüche, wenn du endlich aufhören willst:

Whew, I'm knackered. ! *BE*
Puh, ich bin fix und fertig.
Früher wurden alte, für ihren Besitzer nutzlose Pferde auf dem „knackers yard" (Hof des Abdeckers) geschlachtet. „Knackers" ist auch ein anderes Wort für Hoden, pass also lieber auf, mit wem du gerade redest.

I'm pooped *AE, BE* / **whacked** *BE* / **beat** *AE, BE* / **bushed** *AE, BE* / **shattered** *AE, BE* / **done in** *AE, BE* / **finished** *AE, BE* / **shagged** ! *BE* / **buggered!** *BE*
Ich bin total ausgebrannt/fix und alle.
„To shag someone" heißt „Sex mit jemandem haben". „To bugger someone" bedeutet „Analsex mit jemandem haben".

Ugh, what a workout. I'm fried.
Wow, was für ein Training. Ich bin richtig ausgepowert.

I can't walk another step.
Ich kann keinen einzigen Schritt mehr laufen.

I'm puffed out! *BE*
Ich bin völlig außer Atem!

3 Ausgehungert

So kannst du jammern, wenn du am Verhungern bist …

I'm famished!
Ich bin total ausgehungert.

I'm starved. / I'm starving.
Ich hab 'nen Mordshunger.

I'm dying of hunger / thirst!
Ich sterb vor Hunger/Durst.

I'm fiending / jonesin' for some pizza. *AE*
Ich würd sterben für eine Pizza./Ich brauch unbedingt eine Pizza.
Ein Drogensüchtiger wird „fiend" genannt. Wenn man also sagt „I'm fiending for something", bedeutet das, dass man etwas so nötig braucht wie eine Droge.

I have a craving for ice cream.
Ich hab total Lust auf ein Eis.

I want to pig out! *AE* **/ I feel like pigging out!** *BE*
Ich will so richtig reinhauen.

Überfressen

Du platzt gleich? So wehrst du dich gegen die nächste Portion …

I'm so full.
Ich bin total voll.

I'm stuffed.
Ich bin total voll.

I couldn't eat another bite.
Ich krieg keinen Bissen mehr rein.

I'm gonna explode! *AE* / **I'm goin' to explode!** *BE* / **I'm about to burst!** *AE, BE*
Ich platz gleich.

That food …	Das Essen …
didn't agree with me.	ist mir nicht bekommen.
didn't sit too well.	liegt mir im Magen.

Verkatert

Letzte Nacht ein bisschen zu heftig gefeiert? Jammer deinen Freunden ruhig vor, wie schlecht es dir deswegen geht.

Ugh, I have such a hangover.
Aua, ich hab voll den Kater.

3

I was hungover all day on Saturday.
Ich hatte den ganzen Samstag lang 'nen Kater.
Statt „I have a hangover" kannst du auch nur „I'm hungover" sagen.

I'm feeling a bit rough after last night.
Ich bin total geschlaucht wegen letzter Nacht.

Wow, I'm really hurtin' this morning.
Wow, ich hab echt einen Mordskater heute Morgen.

Ugh, I had a rough night last night.
Mann, letzte Nacht war wirklich heftig.
Glaubst du wirklich, man würde dir das heute Morgen nicht ansehen?

I woke up half-cut this morning. *BE*
Ich bin heute Morgen aufgewacht und war immer noch total besoffen.

I was drunk till noon!
Heute Mittag war ich immer noch total zu.
Wow, du warst heute bei der Arbeit sicher richtig fleißig!

I think I'm gonna *AE* **/ need to** *BE* **…**	Ich muss …
throw up.	brechen.
be sick.	mich übergeben.
puke.	kotzen.
hurl.	kotzen.
barf.	kotzen.
ralph. *AE*	kotzen
spew. *BE*	spucken/kotzen.
chuck.	kotzen.
bow down to the porcelain god.	Würfel husten. (Wörtl.: den Porzellan-Gott anbeten)

Oof, that tasted way worse on the way up.
Igitt, auf dem Rückweg schmeckt's ja wirklich beschissen.
So kannst du allen noch ein bisschen bildlicher mitteilen, dass du gerade gekotzt hast. Ein Witz über das Mensaessen an amerikanischen Colleges sagt, dass dieses Essen auf dem Weg nach oben besser schmeckt!

3 Pickelattacke & Co.

Die richtigen Jammersätze für alle Katastrophen vor dem Spiegel oder unterwegs ...

Oh crap! I have ...	Oh Shit! Ich hab ...
a zit.	'nen Pickel.
blackheads.	Mitesser.
stinky breath.	Mundgeruch.
b.o.	Oh Shit! Ich stink nach Schweiß. „b.o." steht für „body odour".

I'm having such a "bad hair day". I just don't seem to be able to do anything with it.
Heute sind meine Haare echt störrisch. Ich kann irgendwie überhaupt nichts damit anfangen.
Ein „bad hair day" kann aber auch einfach ein totaler Scheißtag sein.

Urgh, I feel so bloated today.
Puh, mein Bauch ist heute so aufgebläht.

I'm bleary eyed today.
Meine Augen fühlen sich heute schwer an.

I've got huge bags under my eyes this morning!
Heute Morgen hab ich riesige Augenringe!

Mies drauf

Alles tut weh, du fühlst dich einfach nur mies und möchtest so richtig schön jammern? Nur zu ...

Ugh, I have ...	Aua, ich hab ...
diarrhea *AE* / **diarrhoea.** *BE*	Durchfall.
constipation.	Verstopfung.
a stomach ache *AE* / **stomach ache.** *BE*	Bauchschmerzen.
a cold.	eine Erkältung.
cramps.	Regelschmerzen.
a hangover.	einen Kater.

I'm dying!
Ich sterbe.

I'm sick as a dog.
Ich fühl mich hundeelend.

I feel like death warmed up. *BE* **/**
I feel like death warmed over. *AE*
Ich fühl mich echt zum Kotzen.

I'm on my death bed!
Ich glaub, ich muss sterben!
Klar, wenn man krank ist, übertreibt man immer ein bisschen ... aber hallo?

I feel a bit off-colour *BE* **/ lousy** *AE, BE* **/ ropey.** *BE*
Ich fühl mich mies.

I don't feel so hot.
Ich fühl mich nicht so toll.

I'm a mess.
Ich bin total im Arsch.

I feel a bit green about the gills.
Ich fühl mich ein bisschen blass um die Nase./Ich fühl mich nicht sonderlich gut. (Wörtl.: Ich fühle mich ein bisschen grün um die Kiemen.)

I feel like shit.
Mir geht's total beschissen.

Keiner hat dich lieb? So kannst du dich reinsteigern und so richtig jammern:

I feel like my heart has just been ripped in two.
Ich fühl mich, als hätte mir jemand mein Herz rausgerissen.

What's wrong with me?
Was stimmt nicht mit mir?

What's he / she got that I don't?
Was hat er/sie, was ich nicht habe?

I feel like I have been left on the shelf. ♀
Ich fühl mich wie eine alte Schachtel.
Früher wurden Frauen, die nicht jung heirateten, als „being left on the shelf" bezeichnet.

I'm going to be an old maid. ♀
Ich werde als alte Jungfer enden.
„Old maid" sagt man im Amerikanischen auch zu Popcorn, das nicht poppt und deshalb weggeworfen wird.

I'm such a wallflower.
Ich bin ein solches Mauerblümchen.
Ursprünglich war eine „wallflower" jemand, der von keinem zum Tanzen aufgefordert wurde. In Großbritannien verwendet man dieses Wort nur für Frauen, in den USA für beide Geschlechter. Und eigentlich passt's ja für Männer auch viel besser ...

I need some chocolate.
Ich brauche dringend Schokolade.

Stop the world. I want to get off.
Mir reicht's. Ich will nicht mehr. (Wörtl.: Halt die Welt an. Ich will aussteigen.)

I'm going to die alone.
Ich werde einsam und alleine sterben müssen.
Ein bisschen überdramatisch, oder?

Wenn du lieber nicht ganz so fertig rüberkommen willst, nachdem du abserviert wurdest, passt vielleicht einer dieser Sätze:

Oh well, it's her loss. There's plenty more fish in the sea.
Tja, ihr Pech. Andere Mütter haben auch schöne Töchter. (Wörtl.: Es gibt noch viele andere Fische im Meer.)

Cool, now I can have some fun on the rebound!
Cool, jetzt kann ich wieder Spaß mit anderen haben!

FACTS „On the rebound" sagt man, wenn jemand gerade abserviert wurde und jetzt auf der Suche nach einem neuen Partner ist, der ihm oder ihr über die alte Liebe hinweghilft. Oft heißt es, dass nach dem Ende einer Beziehung die nächste nur eine „rebound"-Beziehung ist – also eine, die nichts richtig Ernstes ist, sondern in der der neue Partner nur als Trostpflaster ausgenutzt wird. Denk an den Rebound im Basketball. Der Ball prallt vom Brett ab, und jemand anderes greift ihn sich ...

Oder willst du so richtig fies sein ...

It's her loss not mine.
Es ist ihr Pech, nicht meins.

Anyway I'll give her mother a ring.
Dann versuch ich's eben bei ihrer Mutter.

Good luck finding someone else to put up with your shit. !
Ich wünsch dir viel Glück dabei, jemand anderen zu finden, der es mit dir aushält.

Whatever, we were just foolin' around anyway.
Was soll's, es war sowieso nie was Ernstes.

Ich hab doch keinen Plan ...

Jammersprüche für technikblinde Mädels und kochfaule Jungs (und umgekehrt)

It's all just mumbo-jumbo *AE, BE* **/ Double Dutch** *BE* **to me.**
Davon hab ich keinen Plan./Das sind böhmische Dörfer für mich.

It's all beyond me.
Das ist alles zu hoch für mich.

How do you understand all this crap?!
Wie kannst du diese ganze Scheiße nur kapieren?!

You do it, I can't make heads or tails of this. *BE*
Mach du das, ich werd daraus einfach nicht schlau.

I'm a complete technophobe.
Ich bin der totale Technikfeind./Ich hab voll die Technikphobie.
Steh ruhig zu deinen Ängsten!

I can't for the life of me understand these instructions.
Ich hab absolut keinen Schimmer davon, was diese Anleitung bedeuten soll.

I'm not a dab hand in the kitchen. *BE*
Ich bin die totale Null in der Küche.

I couldn't boil an egg to save my life.
Ich kann überhaupt nicht kochen. (Wörtl.: Ich könnte mir nicht mal ein Ei kochen, wenn's um mein Überleben gehen würde.)

I can't even boil water.
Ich kann überhaupt nicht kochen.
(Wörtl.: Ich kann nicht mal Wasser kochen.)

I have no clue where to start.
Ich hab absolut keinen Plan, wo ich anfangen soll.

3

I'll just burn the place down.
Ich würde wahrscheinlich alles abfackeln.
Dann iss lieber was Kaltes ...

Total pleite

Wenn du total abgebrannt bist und das Leben keinen Spaß mehr macht, probier's mal mit den folgenden Sprüchen. Vielleicht hilft dir ja jemand!

(Dude *AE*,) why are you always so stingy?
Mann, wieso bist du immer so knauserig/geizig?
Wenn sich dein Kumpel einfach nicht anschnorren lässt ...

Für Insider

Für das liebe Geld gibt's auch auf Englisch viele Wörter ...

dosh *BE*
dough / bread
moolah
dinero *AE*
cash

Geld/Kohle etc.

I can't come to the cinema *BE* **/ movies** *AE* **tonight, I'm ...**	Ich kann heute Abend nicht mit ins Kino kommen, ich bin ...
skint. *BE*	pleite.
broke *AE, BE* **/ stoney broke** *BE* **/ flat broke.**	total pleite.
strapped for cash.	völlig blank.
a bit hard up at the moment.	im Moment knapp bei Kasse.
in the red.	in den Miesen.

Für Insider *Wenn du chronisch pleite bist, pump deine Freunde nicht zu oft an, sonst bist du ganz schnell verschrien als:*

a scrounger **a sponger** **a mooch** *AE*	ein Schnorrer

„Geld leihen" nennt man „mooching". Ein „mooch" ist also jemand, der ständig Geld schnorrt (und es meist nicht mehr zurückzahlt).

---

3 Trostpflaster

Du kennst jemanden, dem's so richtig schlecht geht ... dann bau sie oder ihn mit den folgenden Sprüchen auf ...

You were way too good for him anyway.
Du warst sowieso viel zu gut für ihn.
Auch wenn's deine Freunde nur sagen, um dich aufzumuntern, es hilft trotzdem.

Calm down. He's / She's not worth it.
Beruhig dich. Er/Sie ist es echt nicht wert.

Settle petal. *BE*
Jetzt komm mal runter.

Easy!
Relax!/Schalt mal einen Gang zurück!

Calm the beans. *BE*
Bleib locker./Komm runter. (Wörtl.: Beruhig die Bohnen.)
Bohnen machen Blähungen, und wenn man richtig sauer ist, ist man „full of hot air" (voller heißer Luft), wie der Brite sagt. Alles klar?

Don't sweat him. *AE* / **Forget about him.** *AE, BE*
Mach dir wegen dem keinen Kopf.

Hey, just forget it.
Hey, vergiss es einfach.

It's not the end of the world.
Das ist nicht das Ende der Welt./
Es gibt Schlimmeres.

Count to ten.
Zähl mal bis zehn.

Take a chill pill. *BE*
Bleib mal locker.

Chill out man. Just walk away.
Bleib locker, Mann. Geh einfach weiter.

Fuck him / her.
Scheiß auf ihn/sie.

Screw him / her.
Scheiß auf ihn/sie.

Two wrongs don't make a right.
Gleiches mit Gleichem zu vergelten, bringt gar nichts. (Wörtl.: Zweimal falsch ergibt nicht einmal richtig.)

Whatever.
Egal.
Das ultimative Wort, um jemandem zu zeigen, dass er/sie dir total schnuppe ist.

4 Echt britische und amerikanische Gesten

Geht's noch!/ Der/Die spinnt wohl!

Benutz es entweder diskret,
um über jemanden hinter seinem Rücken
abzulästern ... oder eher indiskret,
wenn alle wissen sollen, wie daneben du eine
Sache oder eine Person findest.

Loser!/Weichei!

Die richtige Geste, wenn jemand …
oder vielleicht du selbst … total abloost.

Leck mich am Arsch!

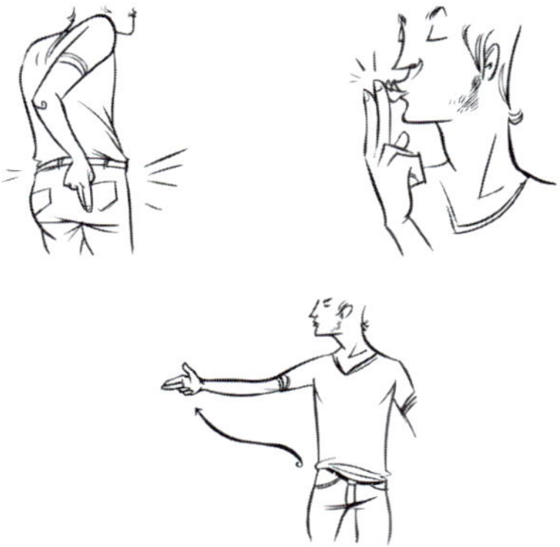

Eigentlich **„Kiss my ass“** (Küss meinen Arsch). Deute genau mit den zwei Fingern, die du vorher am Hintern hattest, auf die Person, die dich annervt … und er oder sie versteht auch ohne Worte, was Sache ist.

Fick dich!

Die internationale Art zu zeigen,
dass dich jemand oder etwas total annervt.
Wird oft von den Worten **„Fuck you!"**
oder **„Up yours!"** begleitet.

Verpiss dich!/ Fick dich! 💣 *BE*

Die britische Art zu sagen **„Up yours!“**. Das Ganze kommt angeblich von der Schlacht bei Agincourt (1415) zwischen den Engländern und den Franzosen, als die Bogenschützen ihre zwei Finger hochhielten, um zu zeigen, dass der Feind sie noch nicht abgehackt hat. Historiker zweifeln daran …